6 MARS 1836
9 Mars 1836

V(PL)

Yd¹ 8°

CATALOGUE

D'UNE RICHE

COLLECTION D'OBJETS D'ART

ET DE

HAUTE CURIOSITÉ,

Tels que Meubles en marqueterie et en vieux laque, Porcelaines de vieux Sèvres, Chine et Japon, Cristaux de la Casauba, Tableaux, etc.

COMPOSANT LE CABINET DE M. H*** [Oussey]

Dont la vente aura lieu
les Mercredi 16, Jeudi 17, Vendredi 18 et samedi 19 Mars 1836,
Heure de Midi,

Rue Neuve de la Bourse, n° 3,
Maison de la PORTE CHINOISE.

L'EXPOSITION SERA PUBLIQUE

Les Dimanche 13 et Lundi 14 mars 1836, de midi à 4 heures.

SE DISTRIBUE :

A Paris, chez
- M. Benou, commissaire-priseur, Grand rue Taranne, n. 11.
- M. Theret, joaillier, rue de l'Ancienne Comédie, n. 5.

A Londres, chez Emmanuel et Town, 103 Bond St.
A Bruxelles, chez Lenaerts, m^d de curiosités, rue de Rolbeck.
Amsterdam, chez Ve Legras et Comp^e, sur le Rokin, près la Bourse.

NOTA.

La vente est faite au comptant.

Les adjudicataires seront tenus de payer 5 centimes par franc en sus des enchères, applicables aux frais.

———

Les tableaux seront vendus dans la vacation du samedi 10 mars, à une heure.

———

AVANT-PROPOS.

Le riche cabinet de curiosités dont nous annonçons la vente, est celui d'un amateur qui se décide à sacrifier ses goûts à ses intérêts commerciaux. Ce n'est pas une spéculation qu'il prétend faire; tous les objets seront livrés avec franchise à la chaleur des enchères. Nous n'en ferons point une description emphatique, et nous ne leur donnerons que la désignation nécessaire pour indiquer ce que nous devons vendre.

Entre autres objets fort remarquables, MM. les amateurs et marchands distingueront deux beaux meubles en mosaïque de Florence, des bureaux anciens, une quantité de belles porcelaines de Sèvres, Chine et Japon, de beaux cabinets et coffres en laque. Nous recommandons principalement une fort belle garniture de trois vases Céladon fleuri richement montés. Cet article est à peu près unique pour sa qualité et sa dimension; on ne peut guère le comparer qu'aux vases provenant de la succession de Madame de Montbreton, qui furent vendus publiquement moyennant 14,000 fr.

On remarquera aussi dans cette précieuse collection deux magnifiques garnitures d'ancien Sèvres pâte tendre, fond bleu de roi, ornées de jolis médaillons d'émaux jouant les pierres précieuses.

Dans le petit nombre de nos tableaux, nous citerons celui du Palme le Vieux, qui fut vendu en 1832 à la salle Cléry ; nous avons pensé qu'on ne saurait mieux faire qu'en copiant fidèlement la description qui en fut faite à cette époque.

———

Dans l'impossibilité de placer les lithographies vis-à-vis chaque article qui les concerne ; nous avons cru devoir les réunir toutes à la fin du Catalogue.

CATALOGUE

D'UNE

RICHE COLLECTION D'OBJETS

DE

HAUTE CURIOSITÉ.

MEUBLES.

1 Deux très-beaux meubles en bois d'ébène, à dessus de marbre avec frises, en cases, cariatides en bronze doré et parfaitement ciselé; le milieu est orné de jolies plaques en mosaïques de Florence, en relief composé d'un vase en lapis lazuli avec fruits en cornalines, améthistes et autres matières précieuses. — *Voy. la lith.*

2 Un magnifique bureau en bois d'ébène, avec son cartonnier, surmonté d'une pendule avec figure appuyée sur une colonne entourée de lierre; le cadran est supporté par deux enfans.

Le bronze et les enfans sont d'une rare beauté pour la ciselure. Ce bureau a appartenu à Louis XVI. La marque et la couronne sont dessous le corps du bureau.

Ce bureau a son écritoire. — *Voy. la lith.*

3 Deux belles étagères en laque, aventurine; le laque est d'une très-grande finesse; elles sont garnies en bronze doré du pays.

Ces deux cabinets ont été donnés par le vice-roi de Canton au capitaine Drummond. (Hauteur 3 pieds 4 pouces). — Voy. la lith.

4 Un petit bureau à quatre faces en bois de rose, enrichi de dix plaques en porcelaine de vieux Sèvres, pâte tendre et de bronze doré du temps de Louis XV. — Voir la lith.

5 Un petit bureau en bois doré, à pieds de biche, avec dessus en velours rouge.

6 Un grand et beau bureau en bois de rose, par Riesner, dessus en marqueterie, orné de 36 plaques en porcelaines de vieux Sèvres, montées en bronze doré. — Voir la lith.

7 Un beau régulateur en bois de rose, de Grenier à Rouen, enrichi de bronze doré.

8 Un bureau en bois d'ébène sculpté, couvert en maroquin. Ce meuble est composé d'un ancien cabinet du temps de Henri IV.

9 Six chaises gothiques en bois sculpté, couvertes d'anciennes étoffes de soie.

10 Dix chaises en bois d'ébène, garnies en riches tapisseries de Beauvais.

11 Un magnifique bureau surmonté d'une galerie et à compartimens en laque usé de la plus grande finesse, garni de bronze doré et du pays. — *Voy. la lith.*

12 Un joli petit cabinet à deux portes en vieux

laque usé, posé sur un pied de même laque. Le tout d'une grande finesse.

13 Une petite table en vieux laque usé très-fin, avec deux tiroirs, montée en bronze doré.

14 Un grand et beau coffre en laque aventuriné, garni de bronze du pays.

15 Un petit coffre en vieux laque usé et à bosse; il y a un tiroir sur le couvercle, et un secret sur le côté.

16 Une très-belle lanterne chinoise en bois de fer découpé, avec transparens peints sur soie; ornée de jolies plaques émaillées garnies de soie. Ce bel article est un objet de grand luxe en Chine à l'occasion de la fête des lanternes.

17 Un paravent de 8 feuilles en laque rouge avec cartel; dans chaque panneau le laque est d'une grande finesse.

PORCELAINES DE SÈVRES.

18 Une grande et belle garniture de trois vases; celui du milieu est d'une belle forme avec médaillons et ornemens du meilleur goût; les deux autres sont à 8 pans, ornées de guirlandes de fleurs avec amour d'un coloris parfait. Ces vases sont dignes de figurer dans les plus beaux cabinets. — Hauteur

du grand vase 18 pouces. — Hauteur des vases de côté 17 pouces. — *Voy. la lith.*

19 Une grande et très-belle coupe, tournant sur pivot, fond bleu de roi, rehaussée d'or, ornée dans l'intérieur d'un sujet d'Amphitrite, entourée de médaillons sujets de mythologie; elle est supportée par trois amours adossés à un arbre et soutenant une guirlande de fleurs. Le pied et la monture sont à rocaille en bronze doré parfaitement ciselé — *Voy. la lith.*

20 Deux magnifiques vases forme d'ogive, fond gros bleu rehaussé d'or, ornés de médaillons à figures et à fleurs, décorés de perles et émaux imitant les pierres précieuses, avec têtes de femmes dorées se terminant en gaînes.

Ces vases sont d'une dimension peu commune aujourd'hui. Ce sont deux pièces de choix du meilleur temps de la manufacture de Sèvres, dignes des souverains et des princes à qui ces objets étaient destinés. — Hauteur 16 pouces. — *Voy. la lith.*

21 Une paire de vases fond bleu, décorés de petits quadrilles en or, ornés de deux cartels en grisailles, montés sur un pied en bronze doré.

22 Deux jolies petites caisses fond bleu turquoise rehaussées d'or, perles et émaux, or-

nées de quatre médaillons d'après Boucher, et de quatre médaillons de fleurs.

23 Une fort belle jardinière fond bleu turquoise, rehaussé d'or, ornée de deux médaillons ruines et paysage.

24 Une œillère ornée de jolis décors à oiseaux, dans son étui de chagrin, et ayant appartenu à madame Elisabeth.

25 Deux assiettes fond bleu turquoise, ornée de trois cartels à oiseaux, montées en bronze doré.

26 Un vase fond gros bleu, rehaussé d'or œil de perdrix, orné de deux médaillons de fleurs, monté en bronze doré.

27 Deux coupes fond bleu turquoise, ornées de deux camées, représentant madame Deshoulière et madame Scaron, montées en bronze doré.

28 Un très-bel encrier en bois de rose, orné de plaques fond bleu turquoise, avec cartels d'oiseaux. Le tout enrichi de bronze doré.

29 Une belle écuelle avec son plateau, fond gros bleu rehaussé d'or, ornée de six jolis cartels d'après Boucher.

30 Une belle écuelle avec son plateau, fond gros bleu rehaussé d'or, avec cartels fond blanc.

31 Un très-joli déjeûner, composé d'une cafetière garnie en vermeil, une tasse à chocolat, une tasse à café, un sucrier et une petite corbeille. Ces cinq pièces sont posées sur un

plateau en vieux laque, semé d'or monté en bronze doré, par Goutière.

32 Une jolie paire de caisses fond vert rehaussé en or, ornée de perles turquoise avec quatre cartels de fleurs.

33 Un vase forme médicis, orné de médaillons paysage et marine avec fleurs en relief sur les côtés.

34 Deux grands beaux plats, ornés de médaillons sujets pastoraux, faisant tableaux, et dans leurs cadres dorés.

35 Un vase riche de monture, en bronze doré.

36 Un autre vase monté en bronze doré.

37 Une paire de petits sceaux, fond gros bleu rehaussé d'or, ornés de quatre médaillons à fleurs.

38 Une jardinière, fond gros bleu rehaussé d'or, avec deux médaillons, d'après Boucher.

39 Une très-jolie tasse et sa soucoupe, fond gros bleu rehaussé d'or, ornée d'un sujet pastoral, d'après Boucher.

40 Une très-belle tasse et sa soucoupe, fond bleu rehaussé d'or, avec sujet pastoral.

41 Une jolie petite tasse et sa soucoupe, fond gros bleu, ornée de médaillons, sujets d'après Boucher.

42 Une tasse et sa soucoupe, fond bleu, ornée de médaillons sujets pastoraux, d'après Boucher.

43 Une tasse et sa soucoupe, fond gros bleu re-

haussé d'or, avec médaillons, ornée d'un vase de fleurs.

44 Une tasse et sa soucoupe, fond gros bleu rehaussé d'or, ornée de médaillons à fleurs.

45 Une tasse et sa soucoupe, fond bleu rehaussé d'or, ornée de médaillons paysages.

46 Une tasse et sa soucoupe, fond bleu lapis, ornée de médaillons à oiseaux, manufacture de Vincennes.

47 Une petite tasse et sa soucoupe, fond vert, ornée de médaillons de fleurs.

48 Une tasse et sa soucoupe, fond vert, ornée de cartel, d'après Boucher, et cartel à oiseaux. La tasse est fracturée.

49 Une tasse et sa soucoupe, fond bleu turquoise rehaussé d'or, ornée de médaillons de fleurs.

50 Une très-jolie tasse et sa soucoupe, fond gros bleu rehaussé d'or de plusieurs couleurs, ornée d'un camée représentant Mlle Scudery.

51 Une très-belle tasse à la dauphine, avec son couvercle, fond bleu turquoise, ornée de sept médaillons à oiseaux.

PORCELAINES DE CHINE ET DE JAPON.

52 Trois magnifiques vases en céladon fond vert de mer, dessins en relief montés en bronze doré

et ciselé, d'un travail précieux. Hauteur 26 pouces. *Voy. la lith.*

53 Deux cornets et une bouteille en porcelaine de Chine, couleur jaune, décorée du dragon de l'empire; on prétend que nulle personne autre que l'empereur n'a le droit d'avoir cette couleur, mais on peut dire qu'on rencontre très rarement des pièces aussi précieuses.

54 Deux très belles coupes en vieille porcelaine de Chine, fond rouge. Cartels avec figures montées en bonze doré à rocaille supportées par quatre dauphins; pièces remarquables par leurs beautés.

55 Un vase céladon fond vert, forme gourde, orné de dessins en relief d'une grande finesse, monté en bronze doré. *Voy. la lith.*, hauteur 18 pouces.

56 Un Bol vert céladon, décoré d'emblêmes de Chine, notamment du dragon impérial à 5 griffes; tout annonce que ce bol doit provenir d'une manufacture de l'empereur.

57 Deux vases en céladon vert craquelé chiné, forme ancienne d'une beauté et d'une finesse peu communes, provenant de l'abbaye de Woburn. Hauteur 14 pouces.

58 Une bouteille en céladon jaspé, monture en bronze doré à rocaille. *Voy. la lith.*, hauteur 15 pouces.

59 Une paire de cornets en porcelaine de Chine,

fond blanc avec grecque en haut et en bas, decorés de fleurs et papillons. La porcelaine est très fine.

60 Deux vases en céladon gauffré, montés en bronze doré.

61 Une très jolie petite paire de vases en céladon rouge, couleur très rare, montée en bronze doré.

62 Une petite bouteille en céladon, fond vert avec fleurs émaillées.

63 Quatre pièces en céladon, fond jaune, imitant l'ambre.

64 Deux tabourets ronds à dessin bleu, ceinture blanche; dont deux faces découpées à jour ornés de deux têtes du chien de Foë, servant d'anses.

65 Deux vases céladon, avec chimères servant d'anses, sujets de comédie, aux panses entourées de fleurs de *nenuphar*. H. 3 pieds.

66 Deux tabourets de jardin en céladon, forme hexagone, deux faces découpées à jour, ils sont ornés de fleurs de longévité. Ces objets sont très rares.

67 Deux vases de Chine ornés de cartels, sujets de comédie, entourés de fleurs, nymphe et papillons. Hauteur 3 pieds.

68 Un beau vase du Japon, avec miniature et fleurs en relief.

69 Un petit vase en céladon, decors bleu et vert.

70 Deux grands vases de Chine, envoyés de la Casauba à Mme la duchesse de Berri. Un vase est fracturé.

71 Deux beaux vases en céladon fleuri, décorés avec fleurs de *nenuphar* en or, couvercle à chimères, hauteur 4 pieds.

72 Deux vases de Chine, forme carrée, ornés de médaillons, montés en bronze doré.

73 Deux vases en céladon, émaillés, ornés de cartels, sujets de comédie, entourés de branches de fruit de *longue-vie*.

74 Deux vases de Chine, fond gros bleu, dessin jaune en relief, réservé dans le bleu, représentant le cheval céleste parmi les nuages; anses sur les côtés. Cette porcelaine est très rare.

75 Une paire de magnifiques cornets de Chine émaillés, ornés de riches dessins de paysages et figures avec décors de fruits et fleurs, hauteur 2 pieds 8 pouces.

76 Deux grands vases en céladon, ornés de dessins à relief bleu, représentant le *foug-hoang* ou le phénix de la Chine, hauteur 2 pieds 10 pouces.

77 Deux vases en céladon émaillé, ornés de *nymphea* et papillons, d'un superbe coloris.

78 Deux vases carrés, ornés de huit personnages des plus célèbres avec caractères expliquant leurs vies.

79 Deux pots à fleurs octogone en céladon, fond vert avec socles, garni de chimères et fleurs, émaillés en relief, hauteur 18 pouces.
80 Une garniture de trois vases, céladon gauffré, fond blanc avec rosaces émaillées, montés en bronze.
81 Trois vases en céladon gauffré, montures riches.
82 Deux vases en céladon.
83 Un grand et beau plat de Chine avec monture.
84 Une garniture de trois vases et deux cornets de Chine à miniature, un des cornets est restauré.
85 Un petit vase de Chine avec jolie miniature.

DORURES.

86 Une pendule en bronze doré, demi-colonne, avec guirlande de fleurs, mappemonde surmontée d'un Amour avec flèches et carquois du temps de Louis XV.
87 Trois plateaux servant de surtout, en bronze doré avec huit lumières au plateau du milieu. Les deux autres sont garnis de bouquets du temps de Louis XV.
88 Jolie pendule rocaille en bronze doré.
89 Une pendule, genre de Goutière, représentant les trois Grâces, montée sur socle en marbre.
90 Huit bras de cheminée de boule, en bronze doré, avec mascarons.

91 Une paire de flambeaux en bronze doré du temps de Louis XIV.
92 Deux petits flambeaux, Amours et fleurs; en bronze doré.

OBJETS DIVERS.

93 Deux petites coupes en filigrane d'argent, contenant l'une des fruits, et l'autre un rocher avec serpent.
94 Deux flambeaux en vermeil et filigrane, riche travail de l'Inde.
95 Deux crachoirs chinois en filigrane d'argent, avec fleurs et dessins émaillés.
96 Une garniture de trois vases en émail de Chine, fond violet, dessin rehaussé d'or; ces vases sont très fins, et les pieds de celui du milieu représentent des dragons ou chimères du pays; ils servent à brûler des parfums.
97 Deux coupes en émail de Chine, fond rouge, dessins et caractères chinois; le dedans est fond bleu uni.
98 Un encrier en beau laque usé, garni en porcelaine, monté en bronze doré.
99 Une paire de caisses à fleurs en laque usé, d'une qualité très rare, monté en bronze rocaille très bien doré. Les pieds sont formés par quatre grenouilles, et le haut des caisses par quatre petits oiseaux en bronze doré.

100 Une paire de petits cornets en vieux laque, fond aventurine, forme hexagone.
101 Six petites tasses et soucoupes en tonkin de l'Inde d'une très belle qualité.
102 Une théière avec anses en tonkin de l'Inde d'une forme ancienne.
103 Une autre théière à trois robinets en tonkin de l'Inde.
104 Une coupe brûle parfums pour femme, posée sur un pied en bronze de Chine.
105 Une petite figure en pied de Confucius, savant de l'empire de Chine; en bronze chinois.
106 Un magot de la Chine en bambou sculpté.
107 Un Tam-tam chinois.
108 Un joli coffre ou nécessaire à ouvrage en marqueterie d'ivoire et argent, dessin à étoiles, venant de l'île de Bombay.
109 Deux petits vases en porcelaine anglaise, fond bleu, ornés d'arabesques montés en bronze doré, rocaille.
110 Un service de dessert composé de dix pièces, compotiers, boules et plats en cristal, à dessins d'or, envoyé de la Casauba à Mme la duchesse de Berri.
111 Deux bouteilles gros bleu formant candelabres à deux lumières, montés en bronze doré.
112 Un encrier en laque usé, garni de bronze doré.
113 Très beau costume chinois d'un grand mandarin.

114 Sous ce numéro seront vendus quantité d'objets non catalogués.

TABLEAUX.

Jacques Palme (dit le vieux).

115 Grande composition de figures fortes comme nature et représentant Jésus mis au tombeau. Cette production qui est du meilleur temps de ce peintre, réunit toutes les qualités qui distinguent l'école du Titien, dont il fut l'élève. M. Jabach le possédait autrefois; il n'est sorti de la famille qu'après extinction, et c'est un de ceux qui n'ont pu être cédés au roi, quand il fit l'acquisition de la majeure partie des tableaux de l'hôtel Jabach qui ont formé le noyau du cabinet du roi, aujourd'hui le musée du Louvre. Félibien le mentionne dans le tome 2, page 74, édition d'Amsterdam.—Peint sur toile, largeur 4 pieds 8 pouces, hauteur 4 pieds 1 pouce.

Solimène.

116 Un très-beau portrait de femme.

François Miéris.

117 Un portrait d'homme très-fin.

Vander Heiden.

118 Joli petit échantillon de ce maître, représentant un paysage.

Boucher.

119 Quatre tableaux sujets pastoraux. Nous nous abstiendrons d'en faire l'éloge, les considérant comme étant des meilleurs de ce maître; ils se recommandent assez par eux-mêmes.

Forbin (M. le comte).

120 Un intérieur en ruines avec trois personnages turcs. Tableau d'une bonne couleur et d'une grande finesse.

Isabey (M. Eugène).

121 Un tableau très-capital de cet artiste, représentant un intérieur d'antiquaire garni d'accessoires de la plus grande finesse et d'une très-bonne couleur.
122 Deux miniatures, représentant l'une Diogène et l'autre Diane.
123 Sous ce numéro seront compris plusieurs tableaux, également dignes de l'attention de messieurs les amateurs.

IMPRIMERIE DE J. A. BOUDON, rue Montmartre, 131.

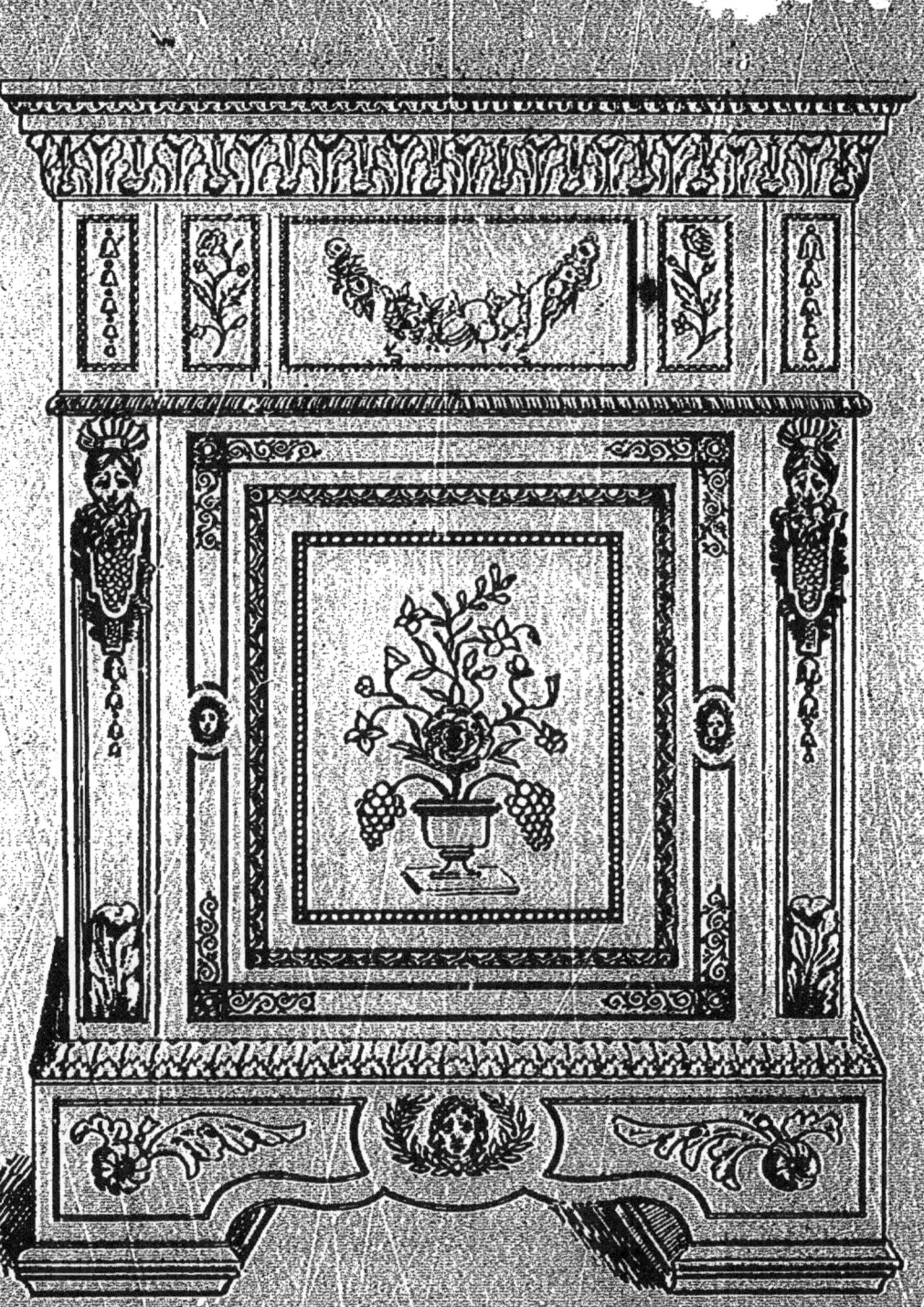

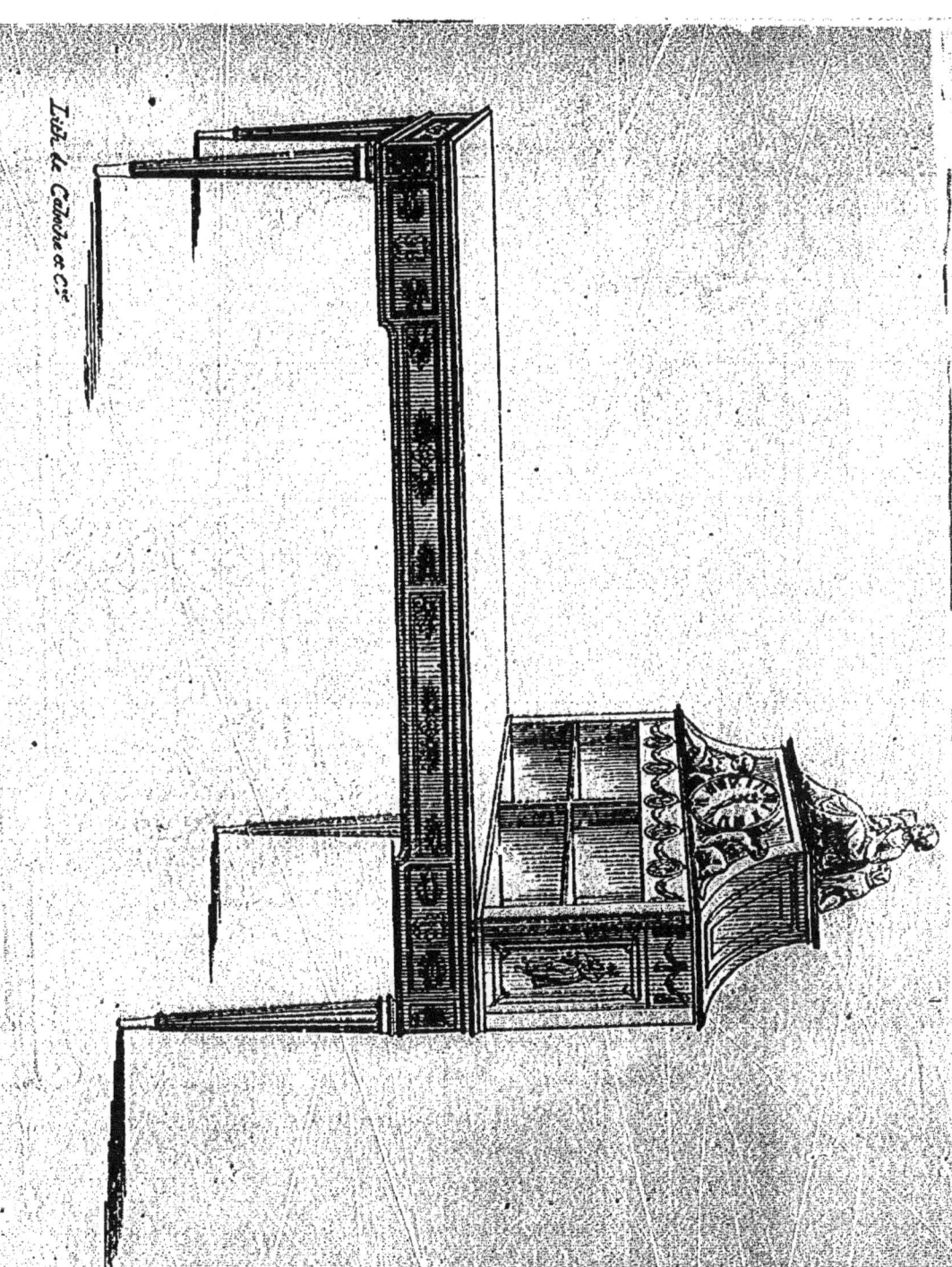

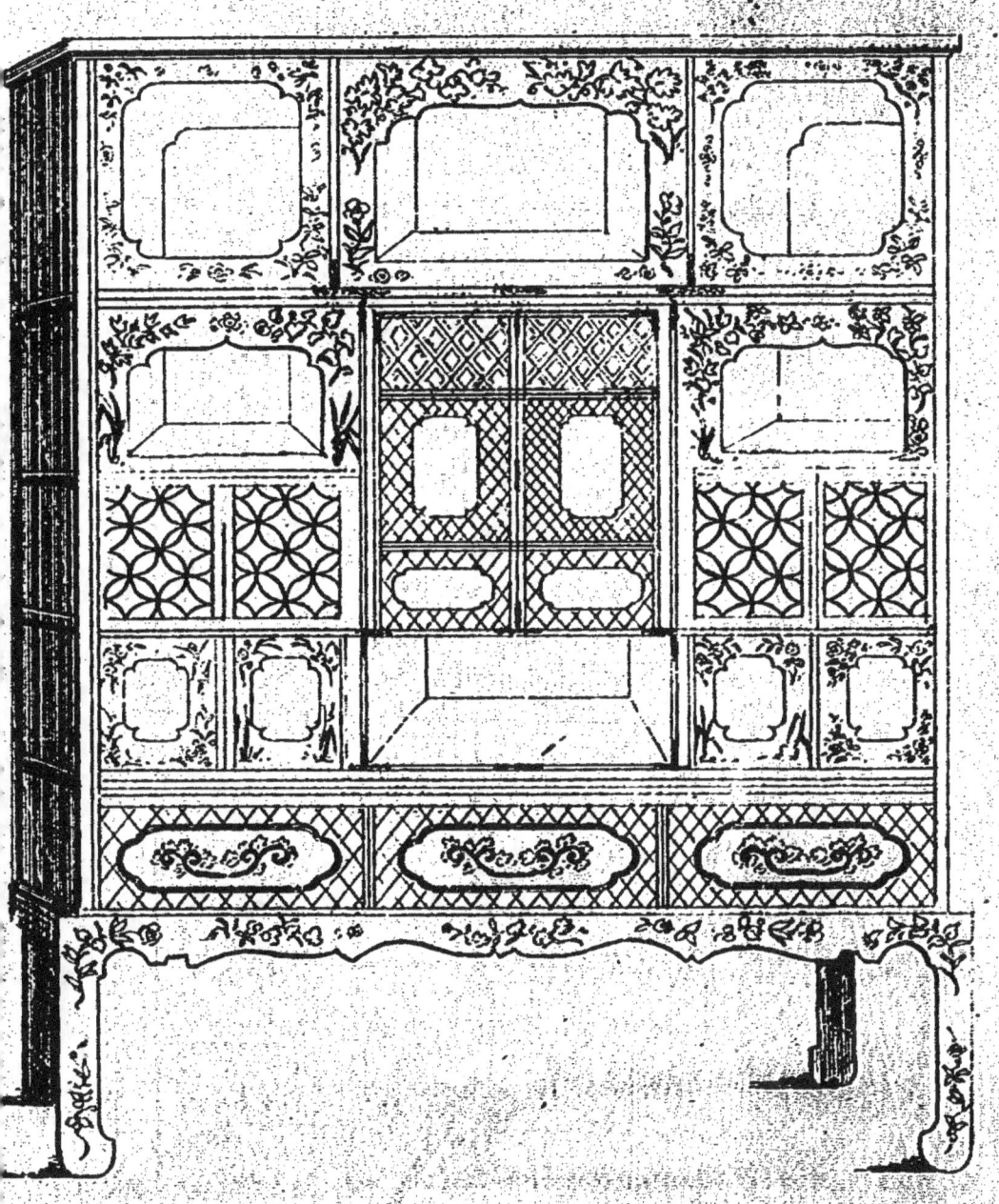

Lith. de Cabocne et Cie

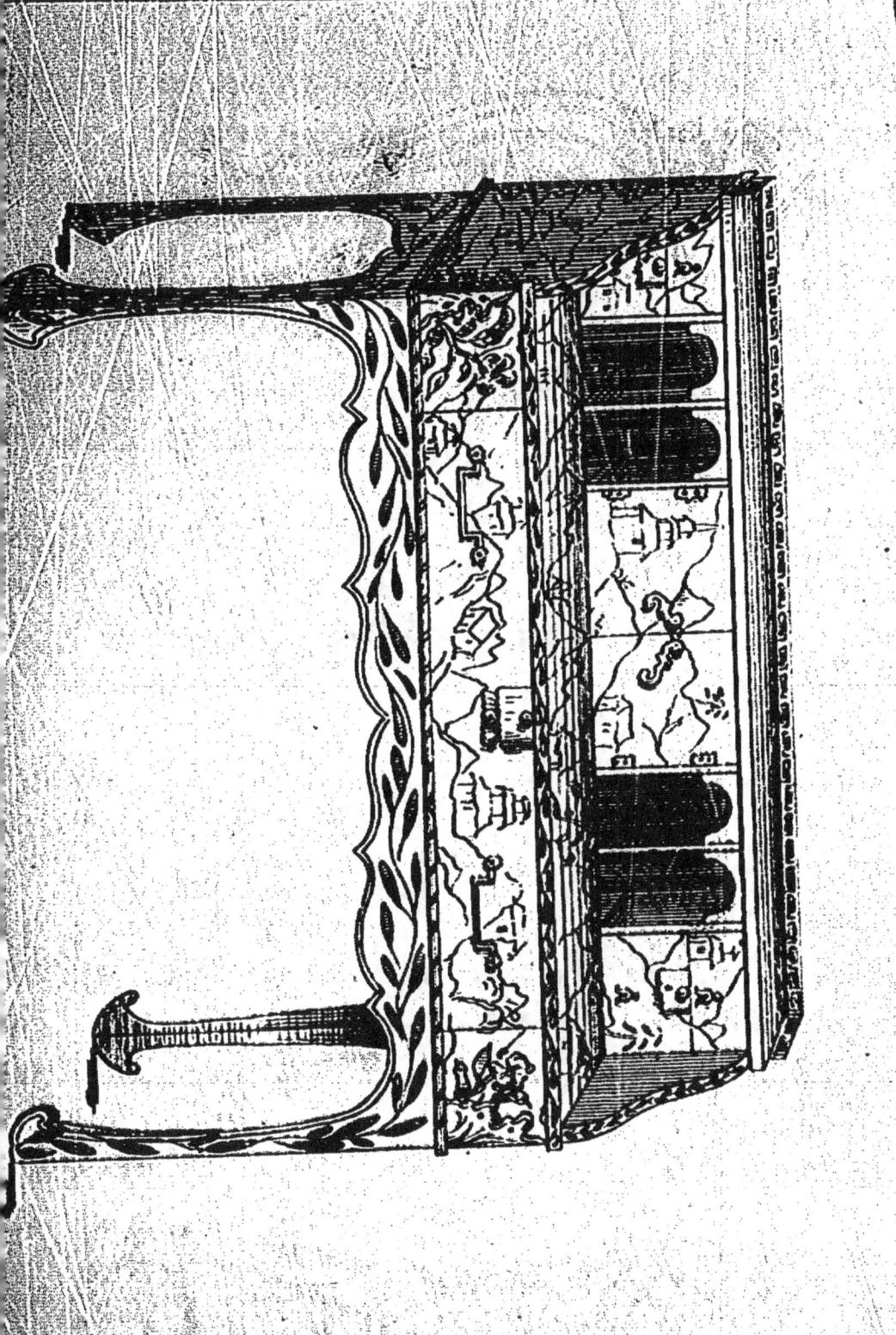

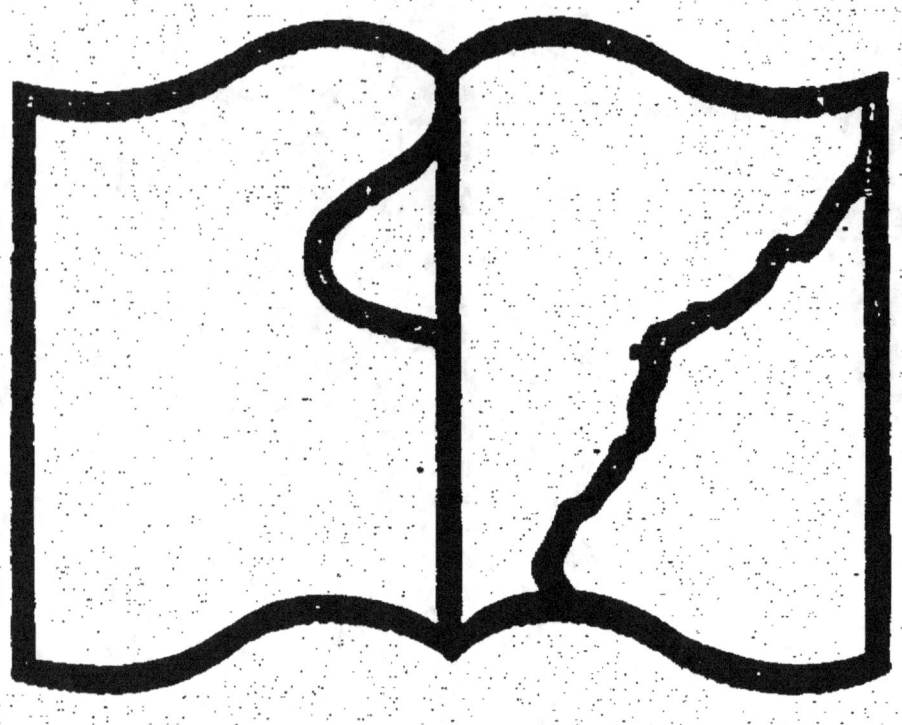

Texte détérioré — reliure défectueuse
NF Z 43-120-11

VALABLE POUR TOUT OU PARTIE D
DOCUMENT REPRODUIT

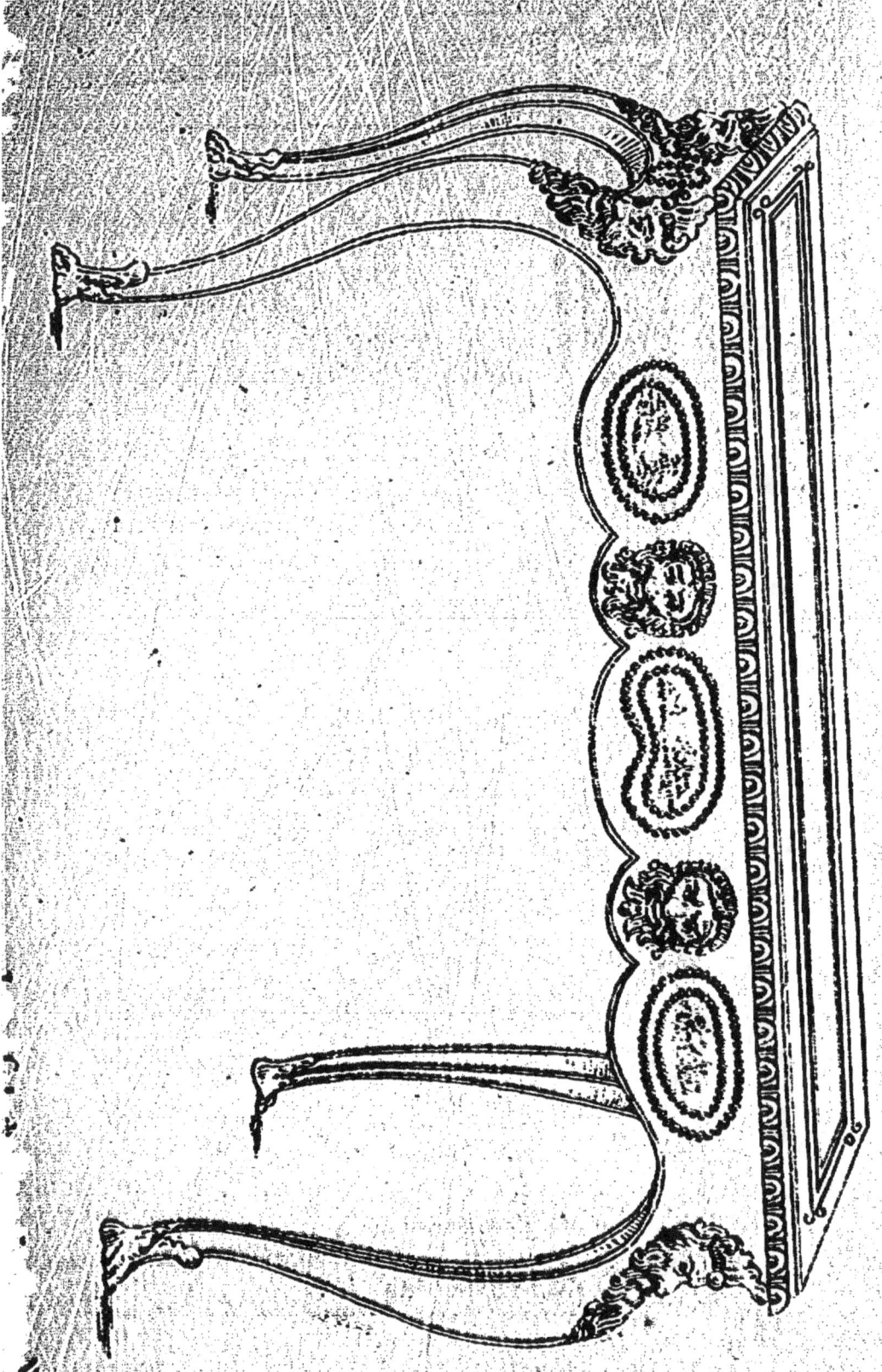

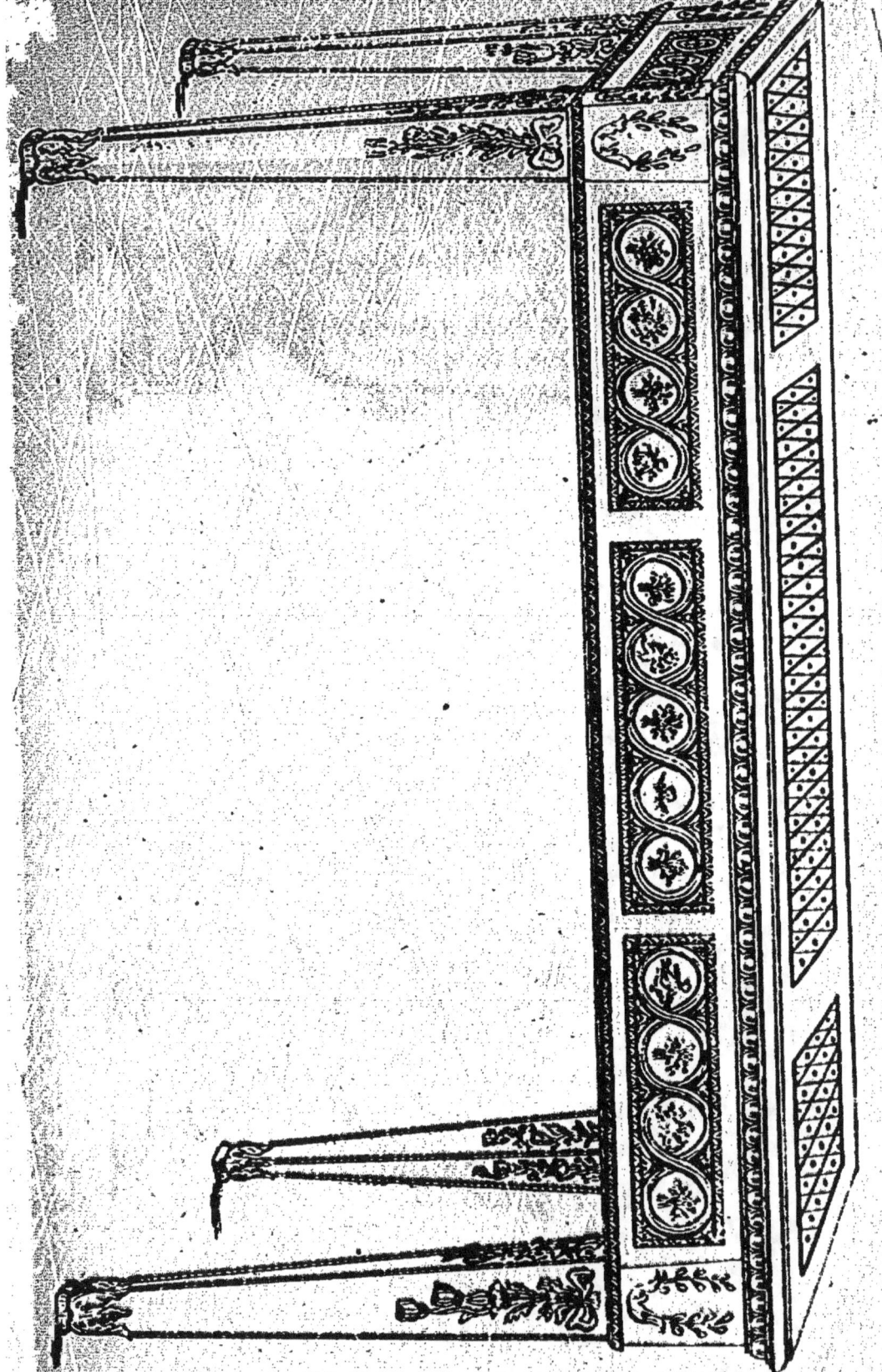

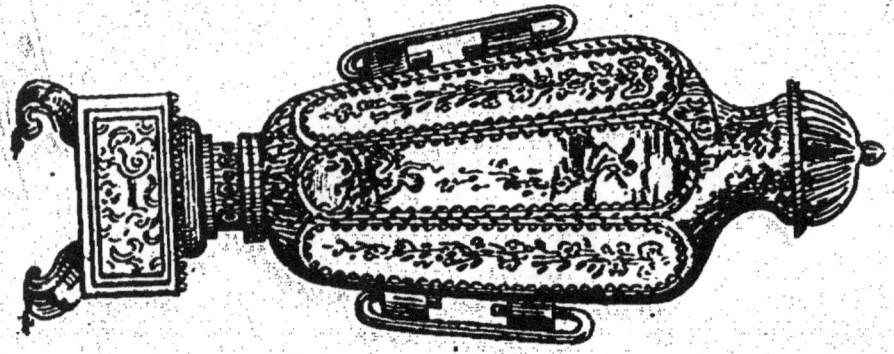
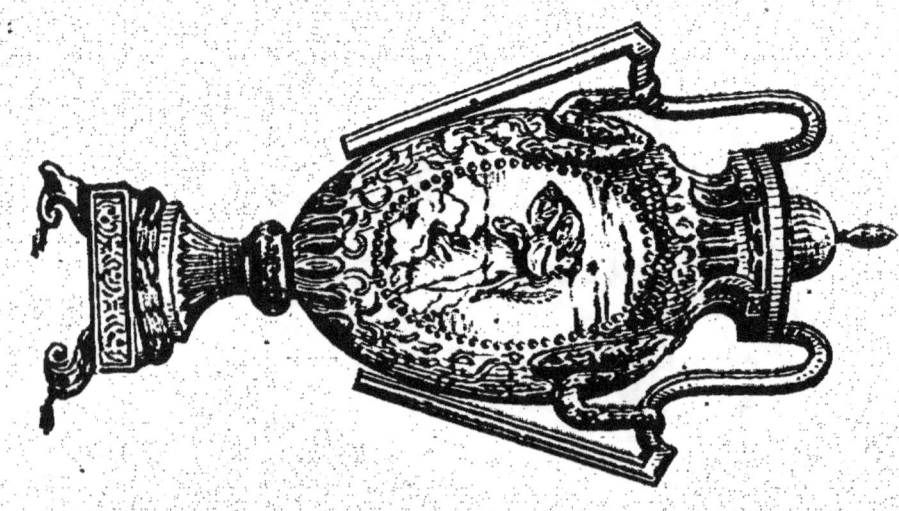

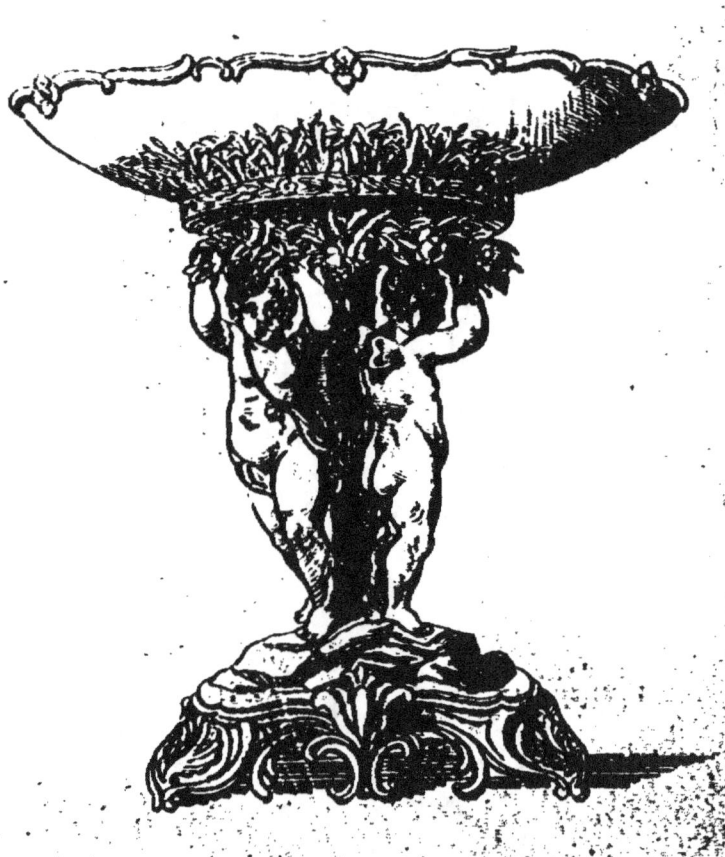

Lith de Caboche et Cie

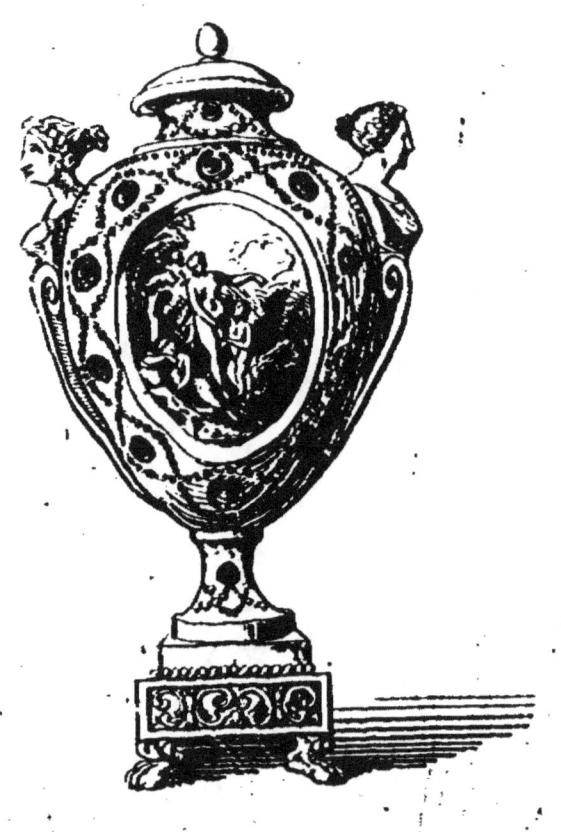

Lith de Caboche et Cie

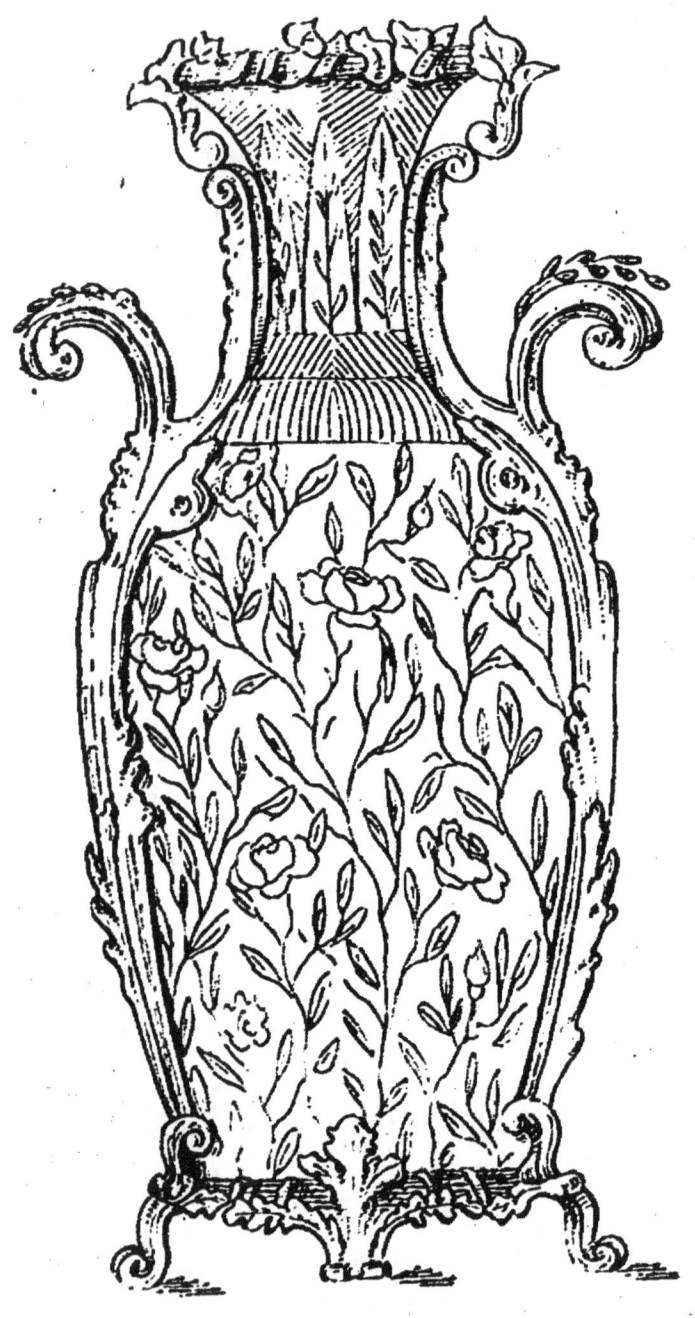

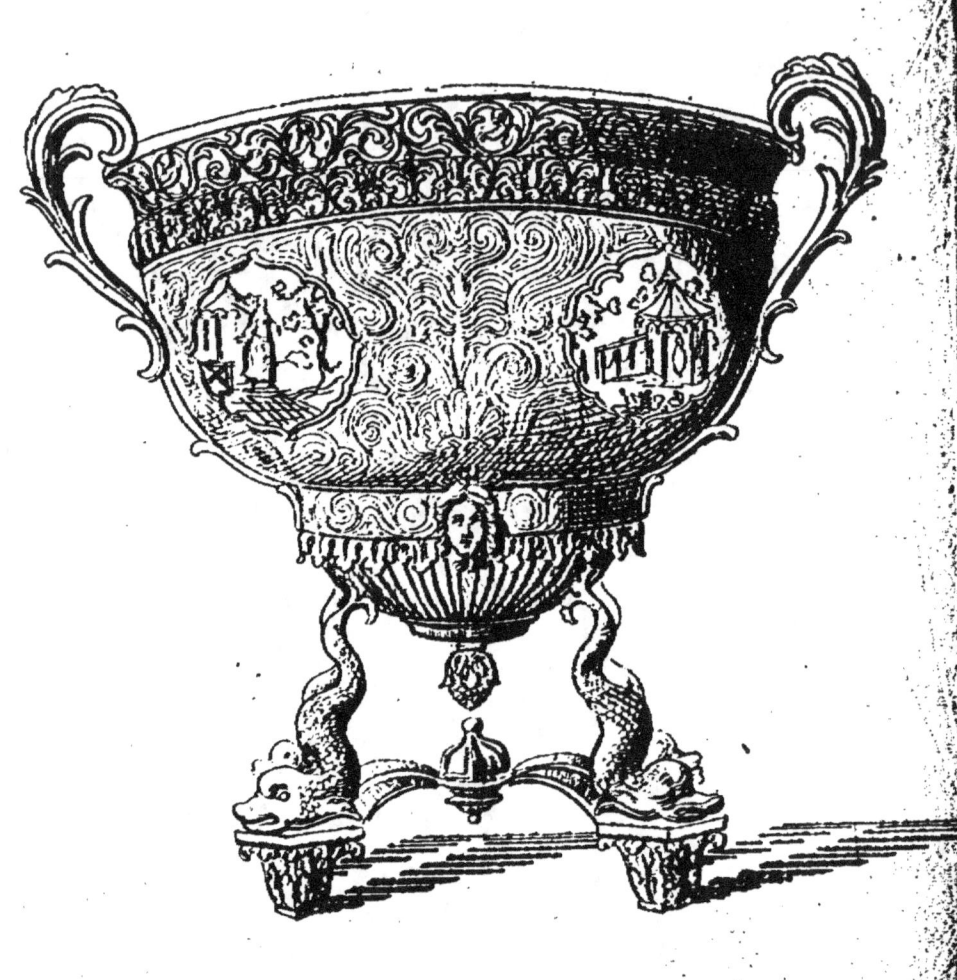

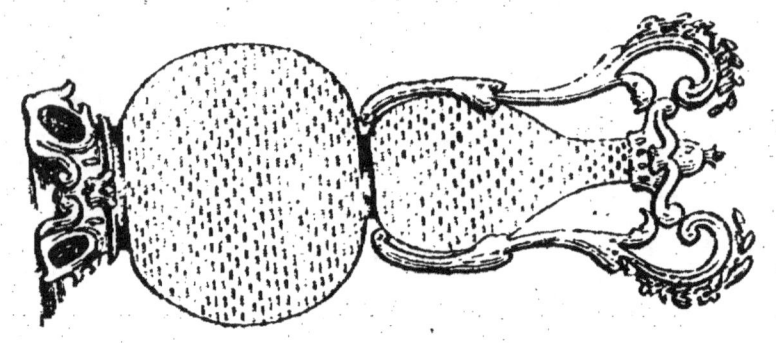
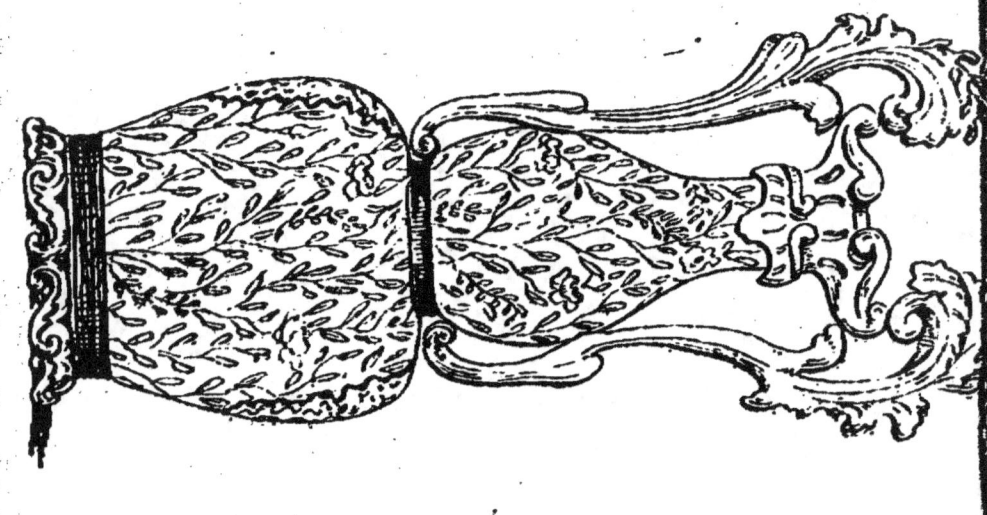

www.ingramcontent.com/pod-product-compliance
Lightning Source LLC
Chambersburg PA
CBHW030056230526
45471CB00003B/1118